ADMINISTRAR CAMINANDO

ADMINISTRAR CAMINANDO

ESTRATEGIA PYMES 2023-2030 DE LAS ORGANIZACIONES DE SERVICIO

LUIS FERNANDO CABRERA MIR

librerío

Primera edición. Mayo del 2023.
ISBN: 9798396514911

© Luis Fernando Cabrera Mir
© Todos los derechos reservados.
© Librerío editores
www.librerioeditores.com.mx

Queda prohibida toda la reproducción, total, parcial o cualquier forma de plagio de esta obra sin previo consentimiento por escrito del autor o editor, caso contrario será sancionado conforme a los derechos de la ley de autor.

Contenido

Capítulo I..9
Capítulo II..19
Capítulo III...29
Capítulo IV...43

CAPÍTULO I

- *Las compañías visionarias necesitan grandes líderes con "l" Minúscula*
- *Visionarios y carismáticos.*
- *Planeación Estratégica "ADMINISTRAR CAMINANDO"*

Las compañías visionarias necesitan grandes líderes con "l" Minúscula, visionarios y carismáticos. Necesita una gran idea para empezar una gran compañía.

¿Qué es una compañía visionaria?

Las compañías visionarias adaptan el método TWI. Son empresas que constituyen la flor y nata —las joyas de la corona— de su industria, admiradas por todos sus profesionales y que tienen larga tradición de haber ejercido un LIDERAZGO con "l" minúscula y con influencia significativa en el mundo que las rodea. Todo líder Directivo individual, por visionario que sea, al fin se muere; todos los productos y servicios —todas las "grandes ideas"— al fin se vuelven obsoletas.

En efecto, mercados enteros pueden volverse obsoletos y desaparecer. En cambio, las compañías visionarias que aplican TWI prosperan durante largos periodos de tiempo… 2030 y más.

Es esencial en este México nuevo que las Organizaciones Medianas Mexicanas establezcan con claridad y de manera correcta sus políticas y sus procedimientos, así como los códigos de conducta escritos para enfrentar conflictos de intereses reales, potenciales o percibidos, incluyendo el nepotismo y el amiguismo.

Sin embargo, el interés organizacional requiere que sólo los mejores sirvan a las instituciones, habrá ocasiones en que un pariente sea, incuestionablemente, la persona mejor calificada para un puesto en particular y es deseable que estos casos existan porque al final, debemos asegurarnos un equilibrio de intereses personales y organizacionales.

En otras palabras, las Medianas son organizaciones y están en todas partes de nuestro país y no es posible eludirlas. Por lo tanto, a todo el mundo le interesa comprenderlas, su comportamiento en las mismas, el cambio y sus consecuencias.

Situación caótica y diagnosticados los problemas que provocaban lo anterior: el director de marketing había ingresado a la empresa impuesto en la función por sus lazos de amistad de la "prepa" con el propio director general. De igual manera el directivo financiero jugaba tenis en el mismo club que el dueño de la empresa.

En países donde se practica la meritocracia (sistemas en los que se accede a cargos de poder por los méritos realizados) el uso del amiguismo es generalmente negativo y se considera corrupción.

Un ejemplo de lo anterior, sería que el director de capital humano de una empresa o incluso el empresario, contratara a su pariente en lugar de una persona más calificada sólo por el hecho ser familia.

Con mucha frecuencia se da por sentado que las Pymes tienen establecidos objetivos generales basados en rendimiento superior para ascensos y, sobre todo, atraer talento humano calificado para puestos directivos, pero la realidad es que descuidan su implementación.

En la actualidad la sucesión o relevo en la alta dirección es el tema más discutido e intrigante en el mundo organizacional, por sus muchas facetas y por el gran número de vidas y carreras profesionales que afectan el nepotismo y amiguismo.

¿Cómo evitamos el amiguismo?

- 1. Seleccionar y nombrar ejecutivos sin prejuicios e intereses creados.

- 2. Preguntar y dejarse asesorar para responder ¿cuál de los candidatos posee cualificaciones que se ajustan mejor al mandato estratégico?

- 3. Elegir con cuidado al que posea las características personales que le capacitarán para conservar al equipo directivo

REFLEXIONES del CAPÍTULO I

La mayoría de los directivos de Empresa Medianas del México de los años por venir, deberán utilizar otros criterios (desechar el amiguismo) para evaluar a las personas que ocuparán puestos directivos, a veces estos criterios son suaves, verbales y muy subjetivos, incluso muy políticos.

Y para cerrar el tema, reproduzco un comentario hecho por el hijo del dueño-director en segunda generación, acerca de su ascenso rápido al puesto de subdirector general de la empresa: "Una Maestría en Administración no puede con el nepotismo".

Dr. Luis Fernando Cabrera Mir
Dr. Ciencias de la Administración
Dr. Educación Permanente

PLANOS DE LIBERTAD

NIVELES	OPCIONES FUNDAMENTALES	
TENER	Propiedad	Señorío
HACER	Personal funcional	Función personal
SER	Ser para mí	Ser para otros

CAPÍTULO II

CAPACITACIÓN EN CONCEPTOS BÁSICOS PARA SU MANEJO DIRECTIVO

En otras palabras, las Medianas Mexicanas son organizaciones y están en todas partes de nuestro país y no es posible eludirlas. Por lo tanto, a todo el mundo le interesa comprenderlas, su comportamiento en las mismas, el cambio y sus consecuencias. Y capacitación en conceptos básicos para su manejo directivo… enlisto a continuación:

CONCEPTOS CLAVE:
1. Mantener una ideología central
2. Cultura abierta al cambio
3. Evolución

A.- Liderazgo para dirigir el enfoque.
Tarea crítica
Realinear
Requiere tiempo

B.- Ser el primero en innovar.
Rápido
Nuevo modelo de negocio
Nuevo proceso operativo
Nuevos productos o servicio

4. Líder poner en contacto a la empresa con el entorno.

5. Crear alianzas

Cooperativas
Clientes
Proveedores
Competidores

6. Flujos permanentes Torrente de ideas en procesos y cambio.

C.- Globalícese.
Nuevos mercados geográficos
Expansión global
Crecer

D.- Dirección en tiempos difíciles.
Tambalearse y caer
Fracaso como parte de su
Crecimiento

7. ¿Quiénes son los que nos permiten vivir?

Los Clientes

8. ¿Dónde debemos estar antes de los demás?

La Creatividad

9. ¿De dónde proviene la mayor cantidad de ideas y soluciones y finalmente la productividad?

10. Hechos y problemas.

11. Alternativas de solución.

12. Toma de decisiones

13. Decisiones estratégicas.

Más a los problemas externos de la empresa y especialmente de los productos servicios que la empresa producirá y a los mercados a los que venderá.

14 Decisiones operativas.

Absorben la mayor parte de la atención y energía de la empresa. Su objeto maximizar la rentabilidad de las operaciones.

15 Decisiones administrativas.

Refieren a la estructuración de las relaciones de autoridad y responsabilidad, flujo del trabajo, flujo de información, canales distribución, desarrollo de fuentes de materia prima, desarrollo de personal y las estratégicas.

16 Integración de los directores a las metas de la organización.

17 Integración de los empleados a las Metas.

REFLEXIONES del CAPÍTULO II

NEPOTISMO PERSONAL Y ORGANIZACIONAL, EL PEOR MAL EMPRESARIAL.

El nepotismo y amiguismo es la práctica preferencial que tienen algunos empresarios o funcionarios públicos para dar empleos directivos y ejecutivos a familiares o amigos sin tomar en cuenta las competencias administrativas de los mismos para su trabajo, sino sólo su relación y confianza. He encontrado a través de varios años de consultoría, que lo mencionado anteriormente es parte de la cultura organizacional que se practica en muchas Empresas Medianas Mexicanas.

Basado en investigaciones realizadas por más de 10 años (en 420 empresas), los resultados siguientes confirman el 83 % de los dueños-directores aseguran seguir el amiguismo o el nepotismo en los nombramientos de ejecutivos de alta responsabilidad y por supuesto con resultados negativos en los estados financieros.

La palabra nepotismo viene del griego antiguo nepos, que quiere decir "sobrino". Amiguismo es un término más amplio y abarca situaciones donde se da preferencias a amigos y colegas.

LOS LÍDERES CON "l" MINÚSCULA... EJEMPLO A SEGUIR EN EMPRESAS MEXICANAS

- Aseguran que se han escogido bien los productos y los mercados.
- Estas exigen requerimientos de las Decisiones operativas Precio-costo, del ajuste de producción para satisfacer la demanda, de los cambios en las necesidades de los clientes.
- Decisiones administrativas
- Debe proporcionar el clima para satisfacerlas, por ejemplo: coordinación entre comercialización y, Integración de Metas de la Organización. 100%

CAPÍTULO III

EL ESTILO A SEGUIR DESPUÉS DE LA PANDEMIA 2020-2023

UN EJEMPLO DE CARÁCTER UNIVERSAL DESPUÉS DE LA CRISIS… PANDEMIA 2020-2023

Dr. Fernando Cabrera-2023.

Los administradores de la compañía de artículos electrónicos Hewlett-Packard (HP) acostumbran poner en práctica los principios derivados de la teoría "Y" (Douglas Mac Gregor, ex proprofesor del MIT para más información, fundadores de HP: William Hewlett y David Pakcard (Bill y Dave, como son todavía conocidos en la organización), establecieron una filosofía administrativa conocida como "el estilo HP", que se inclina por las personas, subraya la importancia de tratar a todos con respeto y consideración, además de ofrecer reconocimientos por los logros. La filosofía HP descansa en algunos principios rectores. Uno es una política de empleo duradero. HP hace grandes esfuerzos por no despedir trabajadores.

Caso típico

Cuatro grupos diferentes —los de finanzas, marketing, fabricación y ventas— estaban localizados en el mismo edificio, pero dependían de directores distintos en la estructura de la empresa. Existía falta de amistad, envidias entre dos de los cuatro grupos y sus directores rara vez se comunicaban entre sí. Varias veces en el año el director de marketing cerró la puerta de su oficina ejecutiva mientras el director de finanzas quedaba afuera tocando de manera insistente la puerta, exigiendo paso libre. El grupo de ventas consideraba que marketing no predecía bien la situación del mercado y que producción bloqueaba sistemáticamente sus excelentes proyectos. A su vez, los de fabricación opinaban que las gentes de finanzas eran arrogantes, desconocían o no se daban cuenta de los problemas que planteaban los de fabricación.

CICLO DE ADMINISTRACIÓN POR INTEGRACIÓN Y AUTOCONTROL ESTILO

En las épocas en que se necesitaban menos manos, en lugar de despedir gente la dirección reducía sueldos y acortaba la jornada hasta que la demanda de los productos de nuestra compañía remontara. Esta política fortalecía la lealtad de los empleados hacia la organización. El estilo de INTEGRACIÓN Y CONTROL TEORÍA "Y" DE MAC GREGOR se basaba en varias reglas de oro sobre cómo tratar a los miembros de la organización de modo que se sintieran libres para ser innovadores y creativos. Los gerentes piensan que todos los empleados de la compañía son miembros del equipo Organizacional. Destacan la necesidad de incrementar la comunicación entre los empleados, pues creen que, más que la comunicación vertical en el escalafón, la comunicación horizontal entre colegas en especial para crear un ambiente positivo que propicie la innovación. Para fomentar la comunicación y la cooperación entre los empleados en todos los niveles del escalafón, Gerentes modernos y capacitados alientan la informalidad. Administradores, empleados y los fundadores de Empresas excelentes se tutean entre sí y se hablan todos por su nombre de pila. Además, existen Directivos y fueron pioneros e innovadores de una técnica conocida como "Administrar caminando".

Se espera que la gente circule para aprender que hacen los demás, de modo que puedan aprovechar las oportunidades para desarrollar productos nuevos o descubrir nuevos esquemas de cooperación. Bill y Dave también fueron pioneros del principio de que los empleados deben dedicar 15 por ciento de su tiempo a trabajar en los proyectos que elijan y los alientan a llevarse a casa equipos y provisiones para experimentar en su tiempo libre. Los ingenieros de diseño de productos HP dejan abierto su trabajo actual sobre su escritorio, para que cualquiera vea lo que hacen y aprenda algo o le sugiera mejoras. Los administradores son elegidos y ascendidos por su capacidad para generar en sus subordinados emoción y entusiasmo por la innovación. Las oficinas HP tienen muros bajos y laboratorios comunes para facilitar la comunicación y la cooperación entre administradores y empleados.

HP tratan de infundir en cada empleado el deseo de ser innovador y de crear una atmósfera familiar y de equipo basada en la cooperación.

Los resultados de las prácticas de HP la hicieron una de las principales compañías electrónicas de mundo. Sin embargo, en 2001-2022 (PANDEMIA 2019), HP como la mayoría de las otras empresas de alta tecnología sufrió grandes problemas a causa de la caída del sector de telecomunicaciones. La compañía anunció que buscaba medios de reducir costos.

> Al principio, la hora ex directora, Carly Fiorina en congruencia con los valores y la filosofía de HP, no pensaba despedir empleados sino pedirles que aceptaran salarios más bajos y que tomaran permisos sin goce de sueldo para ayudar a la compañía a superar este escollo.

> Pero pronto se vio que la propia supervivencia de HP estaba en duda por la competitividad mundial.

> Para dar la batalla, HP se fundió con Compaq, pero en 2004 tuvo que despedir a 40 por ciento de sus empleados y subcontratar miles de trabajos en el extranjero para ser competitiva. Fiorina pensaba que los valores HP sobrevivirían a esta crisis y que la empresa tenía posibilidades de ser el líder mundial de la próxima década.

En 2023 la empresa número uno en computadoras personales ADOPTÓ LA FILOSOFÍA DEL LADO HUMANO DE LA EMPRESA

FACTOR HUMANO.

EJEMPLO A SEGUIR POR LAS EMPRESAS INNOVADORAS Y MODERNAS 2023 TEORÍA "X" "TEORÍA Y" Douglas Mac Gregor, autor del libro "El Aspecto Humano de las Empresas"

INTEGRACIÓN Y AUTOCONTROL ESTILO

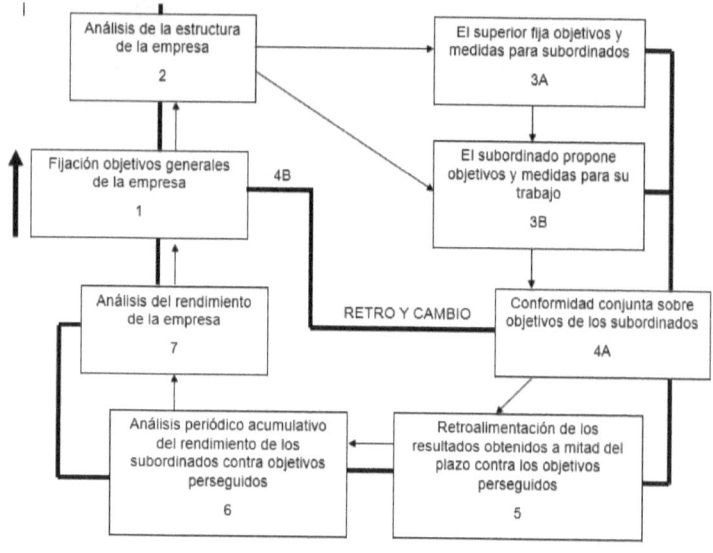

REFLEXIONES del CAPÍTULO III

APLICACIÓN PRÁCTICA PYMES MEXICANAS

Capacitación moderna 2023 seria aplicar un super modelo a seguir método TWI Método Training Within Industry TWI Innovación preparar, mostrar, probar y seguir.

PASO A

PREPARACIÓN, QUÉ ENSEÑAR, HERRAMIENTAS, LUGAR

1. Relajar al empleado.
2. Descubrir que sabe el empleado con respecto al puesto.
3. Interés y deseos de aprender.

PASO B

PRESENTACIÓN. OPERACIONES Y CONOCIMIENTO

1. Decir, mostrar, ilustrar, y preguntar, a fin de transmitir el nuevo conocimiento y operaciones.
2. Dar instrucciones despacio, claras, completas y pacientes; abordar un aspecto a la vez.
3. Comprobar, preguntar y repetir.
4. Asegurarse de que el empleado realmente sepa.

PASO C

ENSAYO DE DESEMPEÑO

1. Probar al empleado haciendo que realice el trabajo.
2. Plantear preguntas que comiencen con: por qué, cómo, cuándo, y dónde.
3. Observar el desempeño, corregir errores y, en caso necesario, repetir las instrucciones.
4. Continuar hasta que usted advierta que el empleado ha aprendido

PASO D.

SEGUIMIENTO

1. Dejar solo al empleado.
2. Efectuar comprobaciones frecuentes para asegurarse que el empleado sigue las instrucciones.
3. Disminuir de manera gradual la supervisión adicional y el seguimiento estrecho hasta que el empleado esté calificado para trabajar bajo supervisión normal.

Aplicar el método TWI en tu Pyme con el ejemplo del líder con "l" minúscula.

EJEMPLO SUPREMO ACTUAL

STARBUCKS 2023

A nivel mundial la marca, de acuerdo con sus datos Starbuck, registra más de 85 millones de clientes cada semana, lo que es igual a 3 mil 840 millones de personas atendidas cada año, números que han permitido a la cadena de cafeterías surgida en 1971, genera ingresos por más de 22 mil 390 millones de dólares (2017).

EL EJEMPLO DEL LIDER CON "l" Minúscula el directivo del siglo XX y XXI

La segunda cosa que aprendió fue el significado de una palabra que escuchaba en cada una de las historias que le fueron contando. Una palabra que el mismísimo Nelson Mandela repetía todo el tiempo. ¿La palabra? "Ubuntu".

Y dijo: "Finalmente, me decidí y les pregunté qué significaba esa palabra. Todos sonrieron ansiosos por contarme el significado. Me dijeron que "ubuntu" significa 'Yo soy porque nosotros somos'. Así que hoy tengo el honor de dirigirme a todos ustedes y les pido que recuerden esta historia porque todo lo que les voy a contar está relacionado con la filosofía ubuntu".

UBUNTU
YO SOY PORQUE NOSOTROS SOMOS

CAPÍTULO IV

ESTRATEGIA MODERNA PYMES DE LAS ORGANIZACIONES DE SERVICIO

Como en todo cambio se presentan una década de riesgos, pero también oportunidades. Aquellas empresas MEXICANAS que sepan identificarlas, estarán en mejores posibilidades de tener éxito.

¿CUÁL ES EL COMÚN DENOMINADOR DE ÉXITO? "ADMINISTRAR CAMINANDO"

- Harvard business school
- Mckinsey
- Hewitt associates
- Deloite and touche
- Price water house
- Disney
- Starbucks

Organizaciones

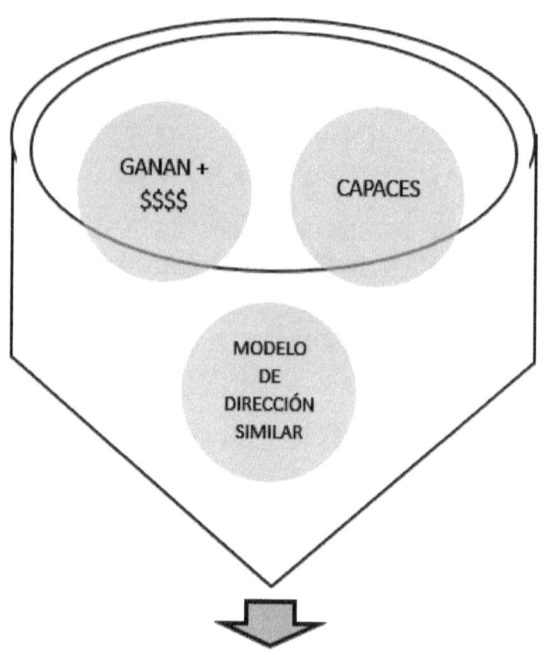

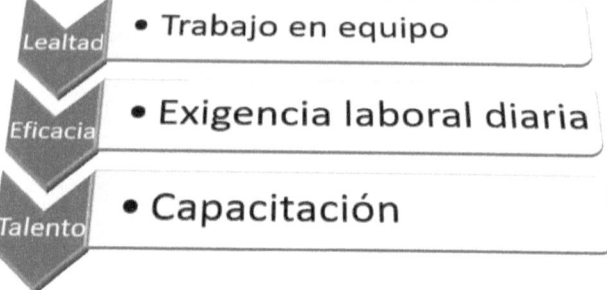

Factores del modelo

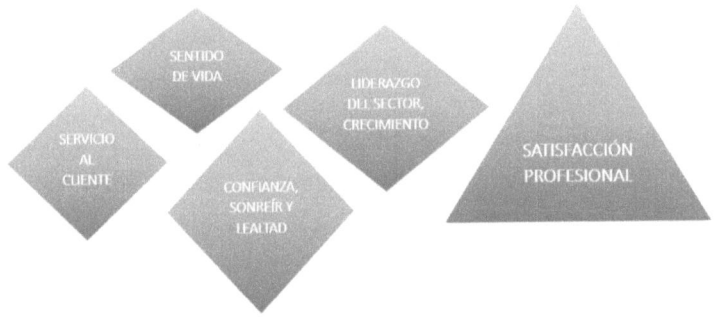

DESPUÉS DE LEER EL MODELO "ADMINISTRAR CAMINANDO" TODOS LOS LECTORES se volverán APASIONADOS DE LA ADMINISTRACIÓN, AFIRMARÁN "LO HEMOS HECHO" y mucho más, al equilibrar la rentabilidad y la conciencia social, la compasión y el rigor, y el amor y la responsabilidad social. Debido a nuestra creatividad, el arduo trabajo y el amor que se ha depositado en la empresa, hoy mi PYME MEXICANA es ampliamente aceptada y respetada.

Mientras me preparo en aplicar "ADMINISTRAR CAMINANDO" me gustaría reconocer humildemente que NUESTROS Directivos no deben perder de vista lo que más importa: su factor humano y nuestros clientes. Durante todos mis años de experiencia en mi PYME, en cada reunión semanal de liderazgo y reuniones trimestrales, siempre imaginé dos sillas vacías en la sala. Una era para un socio y otra para un cliente. Cuando tuve que tomar una decisión, me pregunté si la elección haría a ambos, orgullosos y entregados a resultados, y formarlos en Directores profesionales. Hoy espero y pido a los lectores que sigan con esta tradición de administrar y dejen que las respuestas te guíen. Prometo que las dos sillas te servirán bien a ti y a la compañía.

BASES DE MI LIBRO
"ADMINISTRAR CAMINANDO"
CULTURA Y RESPONSABILIDAD DIRECTIVA

Cultura:

El cambio puede ser exitoso solamente cuando las personas en una organización combinan sus talentos únicos e invitan de modo coherente al factor humano a iniciar, desarrollar y sostener el cambio.

Entender los auténticos valores de la organización: las actitudes diarias, vivir y creer en patrones de conducta que caracterizan a la organización.

Responsabilidad directiva:

Saber que siempre había alguna distancia entre los valores que se adoptan y las conductas diarias de las personas e integrantes en la organización.

Responsabilidad:

Si el líder asume responsabilidad Directiva estará haciendo bien su trabajo y reforzaría las conductas que impulsa cultura.

Considero que existe una falta real de responsabilidad individual y colectiva en mi organización.

Utilicé esta frase de mi Líder, porque ciertamente, la Alta Dirección "no está haciendo bien su trabajo" y esto está provocando la desaparición del cambio que se ha estado promoviendo desde la pandemia varios años.

La falta de seriedad en actividades Directivas, real y aplicada personalmente está provocando fallas en la responsabilidad de muchos integrantes de mi equipo de trabajo.

Y esta falta de "Administrar Caminando" muchas veces no es notoria porque se manifiesta cuando el problema ha crecido de mayor manera.

Falta de trabajo diario reflejado en impuntualidad, en no planear bien las reuniones, juntas poco ejecutivas, falta de sentido de urgencia, etc.

Este "espacio" entre los valores Directivos y que identifican a mi organización y las conductas diarias de las personas es grande en lo pequeño, y poco se manifiesta. Pero es constante y va creciendo.

La falta de responsabilidad y cultura son dos factores que, poco a poco, mataron el Desarrollo Organizacional en nuestra Organización. Una muerte activa poco esperada porque se creó una alta expectativa positiva de que hacíamos muy bien las cosas, éramos una organización exitosa: hoy no lo somos.

Había creencias firmes y profundas que estaban bien posicionadas; sin embargo, ante lo sucedido, falta de entrega de parte del Director de mi EMPRESA.

Propuesta para "DIRECTIVOS DE PYMES"

Se requiere, no solamente reflexionar, sino realmente hacer una reingeniería laboral seria para recuperar y establecer a conciencia una verdadera cultura organizacional que responda a las necesidades actuales de nuestra organización.

Y de suma importancia se requiere un cambio personal con preparación y desarrollo Directivo real. Que cada integrante estudie Dirección Profesional para ser flexible al cambio.

PROPUESTA DE ADMINISTRACIÓN MODERNA

Administrar caminando México 2023-2030

- Los cambios son siempre grandes desafíos.
- Amenazan el estatus quo, el liderazgo, la personalidad y los valores dentro de la empresa.
- Resistencia al cambio, paradigmas muy arraigados hacen que los equipos se desenfoquen.
- Los cambios deben permear desde la parte más alta de la organización hacia los niveles subsecuentes.
- Si los lideres no están alineados, los cambios difícilmente se lograrán.
- Los tiempos de abundancia son buenos, pero hacen perder detalles que a largo plazo pueden ser muy costosos.
- La adaptación no es suficiente, debe hacer una postura visionaria, prever el futuro, es decir adelantarnos a los cambios o ser generados de ellos.
- En la actualidad los cambios se están generando por la adopción de nuevas tecnologías.
- México es un país donde está pasando por grandes cambios políticos y sociales. Es una etapa de grandes oportunidades, pero hay que adelantarnos y ser proactivos.

REFLEXIONES del CAPÍTULO IV

BASICAS DEL LIBRO ADMINISTRAR CAMINANDO QUE AYUDAN A LA DIRECCIÓN DE PYMES MÉXICO 2023-2030

1. Confianza, herramienta base para el desarrollo del capital humano.

Confianza personal
La capacidad de fijarnos objetivos y compromisos y cumplirlos.

Confianza relación
Confiar en alguien más.

Confianza organizacional
Confianza en relaciones de modo justo

Confianza mercado
Comprende la marca de la empresa

2. TRES CAPACIDADES DIRECTIVAS SER HUMANO Y DIRECTIVO

- Capacidad de compromiso
- Capacidad de renuncia
- Capacidad de servir y colaborar

3. VALORES DE EMPRESARIOS PYMES

Orientación al cliente
Personas
Confianza
Respeto
Dignidad
Integridad

4.

La evaluación es constante y formal	• En base a méritos
Facilidades para contraer riesgos	• Autonomía profesional • Facultamiento
La capacitación se otorga como algo permanente	• En relación a las tareas
Los beneficios económicos a menudo están relacionados a los resultados	• Del equipo
El directivo	• Es experto en desarrollo-no política

5.

| AMPLIO USO DEL EMAIL: SE DESEA TENER A LA GENTE BIEN INFORMADA | | CLARA Y ABIERTA: PENSADA PARA CREAR UN ESPIRITU DE CUERPO |

| LA INFORMACIÓN SE EXTIENDE A TEMAS FINANCIEROS DE LA ORGANIZACIÓN | | LAS JUNTAS SON FRECUENTES, BIEN ACEPTADAS Y BIEN DIRIGIDAS |

6. DIRECCIÓN

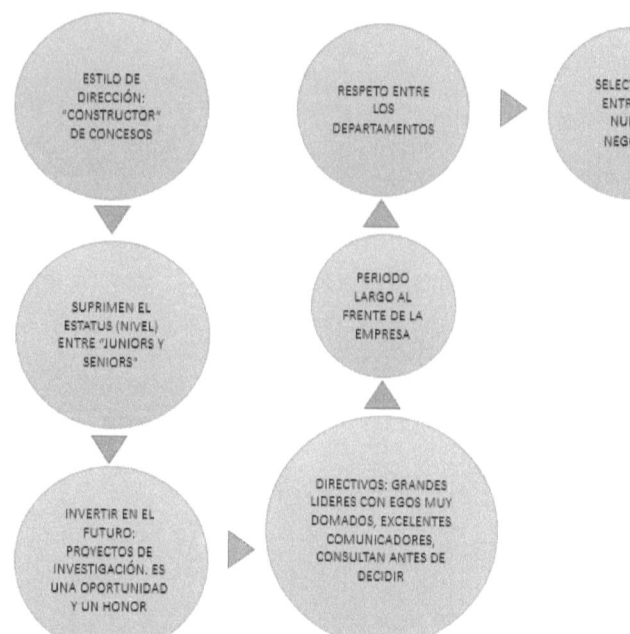

BIBLIOGRAFIA

ANSOFF, H.I.: *Corporate strategy*, New York: McGraw-Hill, 1965.

BUENO, E.: *Dirección estratégica de la empresa. Metodología, técnicas y casos*, 3.ª ed., Madrid: Pirámide, 1991.

BUENO, E., CRUZ, I., DURÁN, J.: *Economía de la empresa. Análisis de las decisiones empresariales*, 14.ª ed., Madrid: Pirámide, 1991.

BUENO, E., VALERO, F.J.: *Los subsistemas de la organización*, Madrid: Documentos IADE, n.º 2, UAM, 1985.

KAST, F.E., ROSENZWEIG, J.E.: *Administración en las organizaciones: un enfoque de sistemas*, México: McGraw-Hill (primera versión en inglés de 1974), 1979.

KOONTZ, H., WEIHRICH, H.: *Administración*, 9.ª ed., México: McGraw-Hill, (primera versión en inglés de 1988), 1991.

MARGULIES, N., RAIA, A.P.: *Conceptual formulation of organizations development*, New York: McGraw-Hill, 1978

MINTZBERG, H.: *La estructuración de las organizaciones*, Barcelona: Ariel, (primera versión en inglés de 1979), 1984.

ROBBINS, S.P.: *Administración, teórica y práctica*, México: Prentice Hall-Hispanoamericana, (primera versión en i)

www.ingramcontent.com/pod-product-compliance
Lightning Source LLC
Chambersburg PA
CBHW031549210526
45464CB00003B/1221